Impressum
Verlag: BABADADA GmbH, Nedderfeld 112 , 22529 Hamburg
Geschäftsführer / Verlagsleitung: Harald Hof
Druck: Books on Demand GmbH, In de Tarpen 42, 22848 Norderstedt

Imprint
Publisher: BABADADA GmbH, Nedderfeld 112 , 22529 Hamburg, Germany
Managing Director / Publishing direction: Harald Hof
Print: Books on Demand GmbH, In de Tarpen 42, 22848 Norderstedt

iskola
colegio

osztályterem
aula

oszt
dividir

186/2

asztal
pizarrón

iskolaudvar
patio de escuela

tanár
maestro

papír
papel

írni
escribir

toll
birome

íróasztal
escritorio

vonalzó
regla

könyv
libro

tanuló
alumno

iskolatáska

mochila

tolltartó

caja de lápices

ceruza

lápiz

ceruzahegyezö

sacapuntas

radír

goma (de borrar)

rajzfüzet

bloc de dibujo

rajz
dibujo

ecset
pincel

festőkészlet
caja de pinturas

olló
tijera

ragasztó
pegamento

munkafüzet
cuaderno de ejercicios

házi feladat
tarea

szám
número

összead
sumar

kivon
restar

szoroz
multiplicar

számol
calcular

betű
letra

ABC
abecedario

szó
palabra

szöveg
texto

olvasni
leer

kréta
tiza

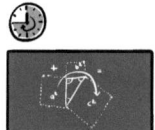

tanóra
lección

napló
cuaderno de clase

vizsga
examen

bizonyítvány
certificado

iskolai egyenruha
uniforme escolar

oktatás
educación

enciklopédia
enciclopedia

egyetem
universidad

mikroszkóp
microscopio

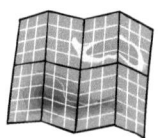

térkép
mapa

papír-hulladék gyüjtő
tacho (de basura)

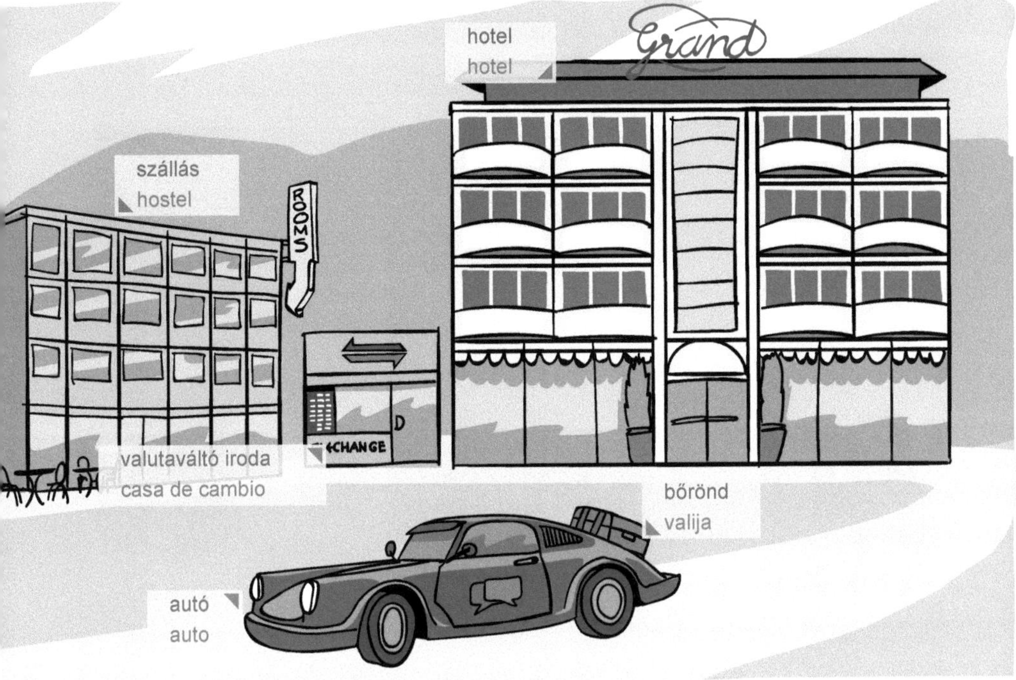

hotel
hotel
Grand
szállás
hostel
ROOMS
valutaváltó iroda
casa de cambio
EXCHANGE
bőrönd
valija
autó
auto

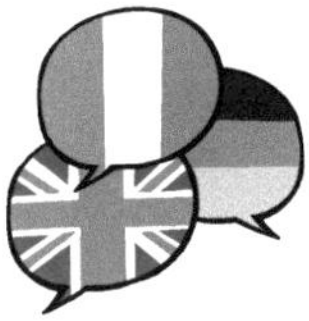

nyelv

idioma

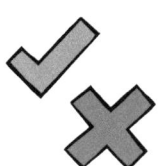

igen/nem

sí / no

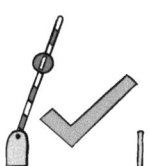

rendben

Está bien

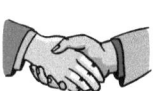

szia

hola

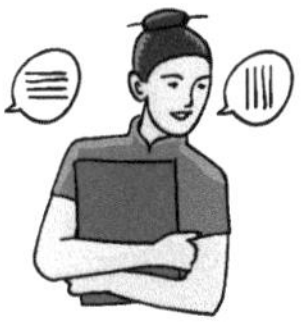

fordító

traductor

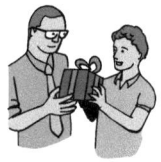

köszönöm

Gracias

mennyibe kerül…?

¿cuánto cuesta…?

nem értem

No entiendo

probléma

problema

Jó estét!

¡Buenas tardes!

jó reggelt!

¡Buenos días!

jó éjszakát!

¡Buenas noches!

viszontlálásra

adiós

útirány

dirección

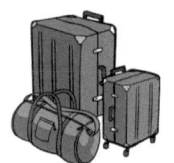

poggyász

equipaje

táska

bolso

hátizsák

mochila

vendég

invitado

szoba

habitación

hálózsák

bolsa de dormir

sátor

carpa

turista információ

información turística

strand

playa

hitelkártya

tarjeta de crédito

reggeli

desayuno

ebéd

almuerzo

vacsora

cena

jegy

pasaje

lift

ascensor

bélyeg

sello

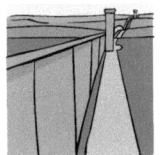

határ

frontera

vám

aduana

nagykövetség

embajada

vízum

visa

útlevél

pasaporte

közlekedés
transporte

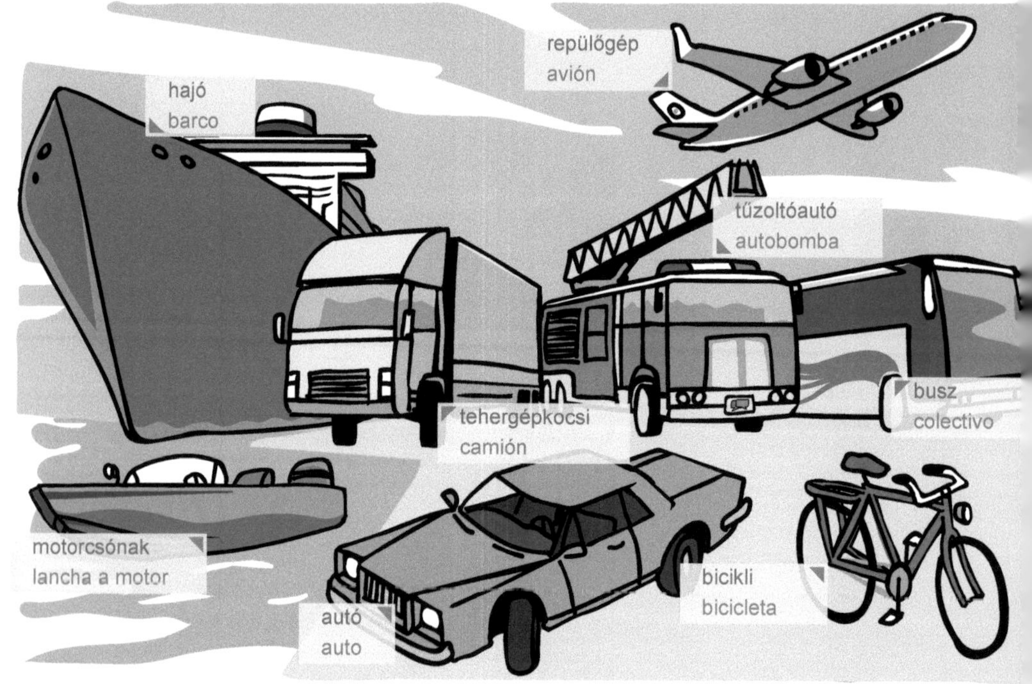

hajó
barco
repülőgép
avión
tűzoltóautó
autobomba
busz
colectivo
tehergépkocsi
camión
motorcsónak
lancha a motor
autó
auto
bicikli
bicicleta

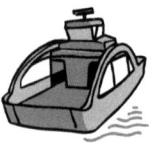

komp
ferry

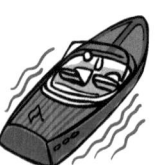

csónak
bote

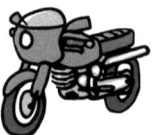

motorkerékpár
moto

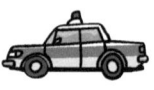

rendőrautó
patrullero

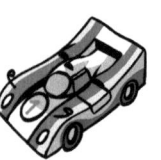

versenyautó
auto de carreras

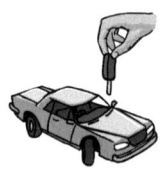

bérautó
auto de alquiler

telekocsi

alquiler de autos

vontató

grúa

szemetes autó

camión de basura

motor

motor

üzemanyag

nafta

benzinkút

estación de servicio

közlekedési tábla

señal de tránsito

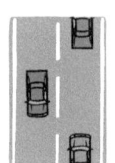

forgalom

tránsito

forgalmi dugó

embotellamiento

parkoló

estacionamiento

vonatállomás

estación de tren

sínek

vías

vonat

tren

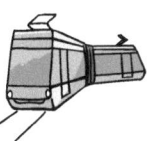

villamos

tranvía

vagon

vagón

helikopter

helicóptero

repülőtér

aeropuerto

torony

torre

utas

pasajero

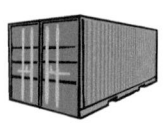

konténer

contenedor

kartondoboz

caja de cartón

taliga

carretilla

kosár

canasta

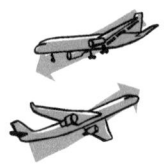

felszáll / leszáll

despegar / aterrizar

város

ciudad

falu

pueblo

városközpont

centro de ciudad

ház

casa

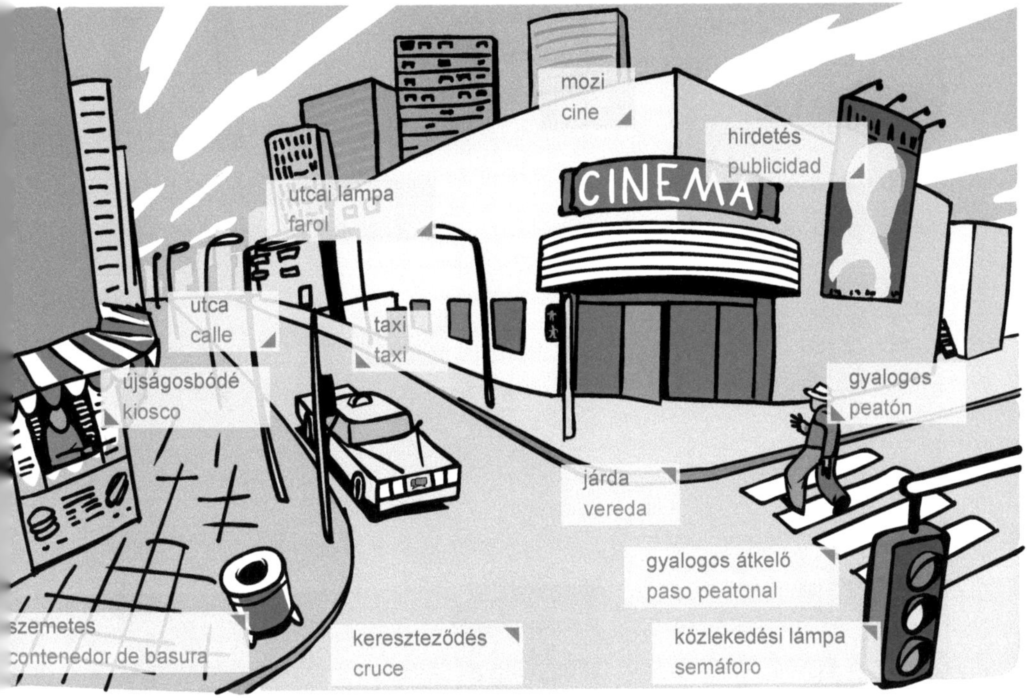

mozi
cine

hirdetés
publicidad

utcai lámpa
farol

CINEMA

utca
calle

taxi
taxi

újságosbódé
kiosco

gyalogos
peatón

járda
vereda

gyalogos átkelő
paso peatonal

szemetes
contenedor de basura

kereszteződés
cruce

közlekedési lámpa
semáforo

kunyhó

cabaña

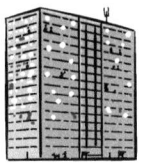

lakás

departamento

vonatállomás

estación de tren

városháza

municipalidad

múzeum

museo

iskola

colegio

egyetem

universidad

bank

banco

kórház

hospital

hotel

hotel

gyógyszertár

farmacia

iroda

oficina

könyvesbolt

librería

üzlet

negocio

virágüzlet

florería

szupermarket

supermercado

piac

mercado

áruház

grandes tiendas

halárus

pescadería

bevásárló központ

centro comercial

kikötő

puerto

város - ciudad

park
parque

pad
banco

híd
puente

lépcső
escaleras

metró
subte

alagút
túnel

buszmegálló
parada del colectivo

bár
bar

étterem
restaurante

postaláda
buzón

utcatábla
letrero

parkoló óra
parquímetro

állatkert
zoológico

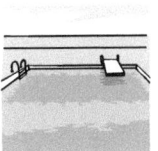

uszoda
pileta

mecset
mezquita

gazdálkodás
granja

környezetszennyezés
contaminación

temető
cementerio

templom
iglesia

játszótér
juegos infantiles

szentély
templo

táj
paisaje

levél
hoja

útjelző tábla
poste indicador

út
camino

rét
pradera

kő
piedra

túrázó
excursionista

fa
árbol

folyó
río

fű
hierba

virág
flor

völgy
valle

domb
montaña

tó
lago

erdő
bosque

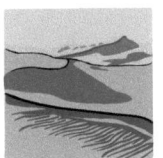

sivatag
desierto

vulkán
volcán

kastély
castillo

szivárvány
arco iris

gomba
champiñón

pálmafa
palmera

szúnyog
mosquito

légy
mosca

hangya
hormiga

méhecske
abeja

pók
araña

bogár

escarabajo

béka

rana

mókus

ardilla

sündisznó

erizo

nyúl

liebre

bagoly

lechuza

madár

pájaro

hattyú

cisne

vaddisznó

jabalí

szarvas

ciervo

rénszarvas

alce

gát

presa

szélturbina

aerogenerador

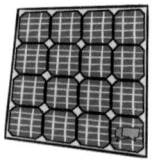

napelem

panel solar

éghajlat

clima

étterem
restaurante

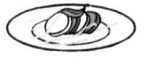

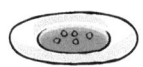

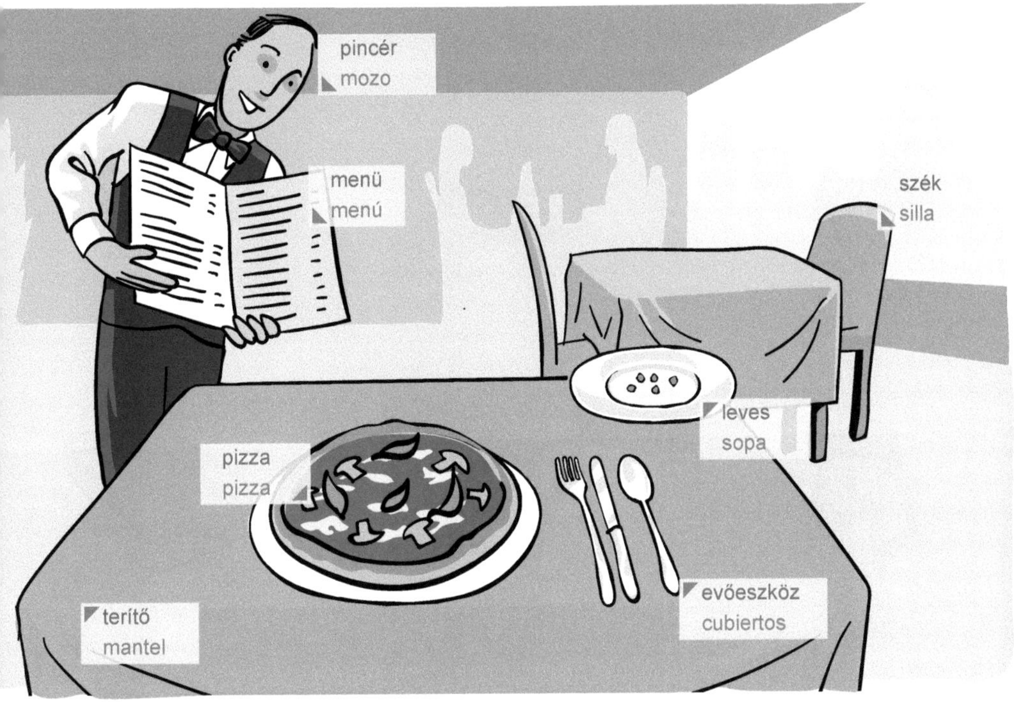
pincér
mozo
menü
menú
szék
silla
leves
sopa
pizza
pizza
evőeszköz
cubiertos
terítő
mantel

előétel

entrada

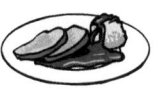

főétel

plato principal

desszert

postre

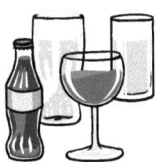

italok

bebidas

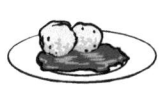

étel

comida

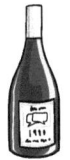

üveg

botella

gyorsétel

comida rápida

gyorsétel

comida callejera

teás kanna

tetera

cukortartó

azucarera

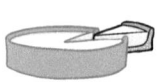

adag

porción

eszpresszógép

cafetera expreso

bárszék

sillita alta

számla

cuenta

tálca

bandeja

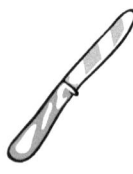

kés

cuchillo

villa

tenedor

kanál

cuchara

teáskanál

cucharita

szalvéta

servilleta

pohár

vaso

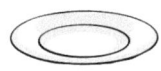

tányér
plato

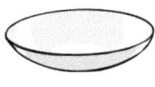

leveses tányér
plato hondo

csészealj
plato

szósz
salsa

sószóró
salero

borsőrlő
molinillo de pimienta

ecet
vinagre

étkezési olaj
aceite

fűszerek
especias

ketchup
kétchup

mustár
mostaza

majonéz
mayonesa

szupermarket
supermercado

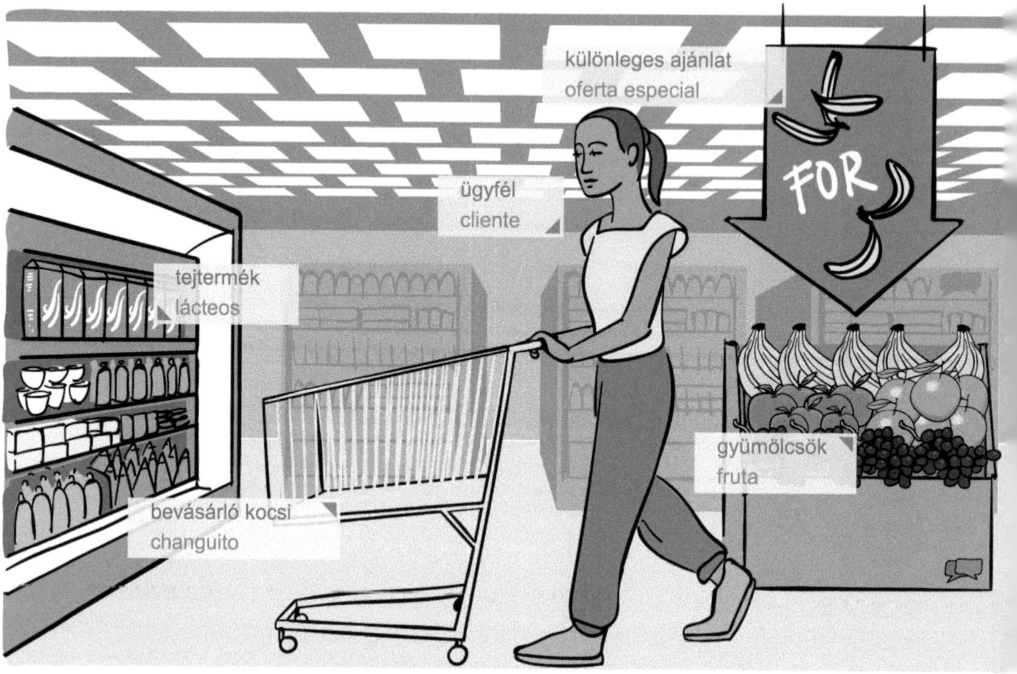

különleges ajánlat
oferta especial
FOR
ügyfél
cliente
tejtermék
lácteos
gyümölcsök
fruta
bevásárló kocsi
changuito

BUTCHERS

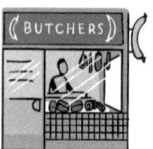

hentes
carnicería

BAKERY

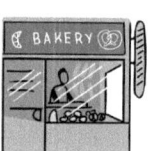

pékség
panadería

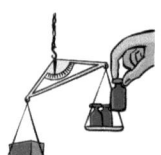

nyom valamennyit
pesar

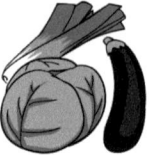

zöldség
verduras

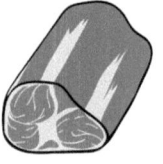

hús
carne

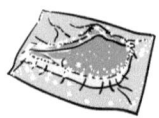

fagyasztott áru
alimentos congelados

felvágott
fiambres

konzerv
alimentos enlatados

mosópor
detergente en polvo

édességek
golosinas

háztartási termék
electrodomésticos

tisztítószerek
productos de limpieza

eladó
vendedora

pénztárgép
caja

eladó
cajero

bevásárló lista
lista de compras

nyitva tartás
horario de atención

levéltárca
billetera

hitelkártya
tarjeta de crédito

zacskó
cartera

műanyag zacskó
bolsa de plástico

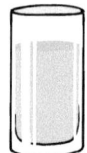

víz

agua

gyümölcslé

jugo

tej

leche

kóla

bebida cola

bor

vino

sör

cerveza

alkohol

alcohol

kakaó

cacao

tea

té

kávé

café

eszpresszó

café expreso

kapucsínó

cappuccino

banán

banana

alma

manzana

narancs

naranja

sárgadinnye

melón

citrom

limón

sárgarépa

zanahoria

fokhagyma

ajo

bambusz

bambú

hagyma

cebolla

gomba

champiñón

magvak

nueces

nokedli

fideos

spagetti

tallarines

rizs

arroz

saláta

ensalada

sült krumpli

papas fritas

sült burgonya

papas fritas

pizza

pizza

hamburger

hamburguesa

szendvics

sándwich

hússzelet

churrasco

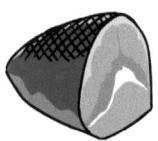

sonka

jamón

szalámi

salame

kolbász

salchicha

csirke

pollo

pecsenye

asado

hal

pescado

zabkása
copos de avena

müzli
muesli

kukoricapehely
copos de maíz

liszt
harina

croissant
medialuna

zsemle
pancito

kenyér
pan

pirítós kenyér
tostada

keksz
galletitas

vaj
manteca

túró
cuajada

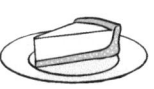

sütemény
torta

tojás
huevo

tükörtojás
huevo frito

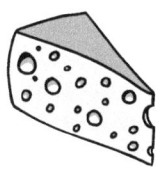

sajt
queso

jégkrém
....
helado

cukor
....
azúcar

méz
....
miel

lekvár
....
mermelada

mogyorókrém
....
pasta de chocolate

curry
....
curry

gazdálkodás
granja

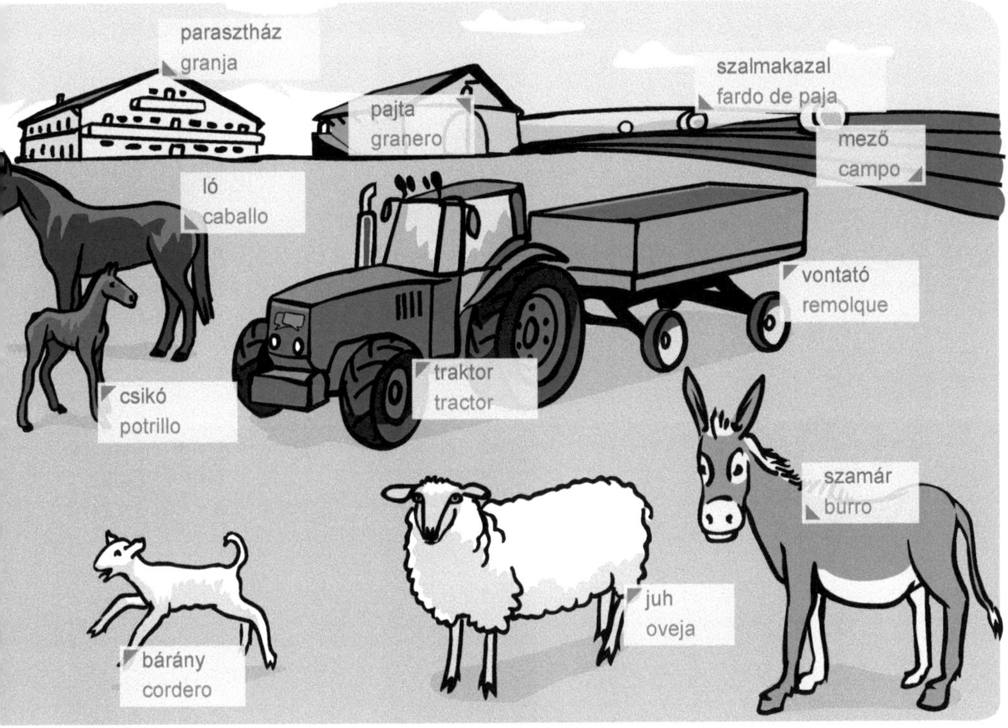
parasztház
granja
pajta
granero
szalmakazal
fardo de paja
mező
campo
ló
caballo
vontató
remolque
traktor
tractor
csikó
potrillo
szamár
burro
juh
oveja
bárány
cordero

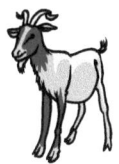

kecske
....
cabra

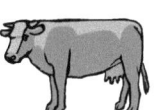

tehén
....
vaca

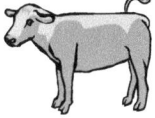

borjú
....
ternero

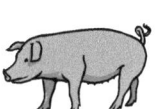

malac
....
cerdo

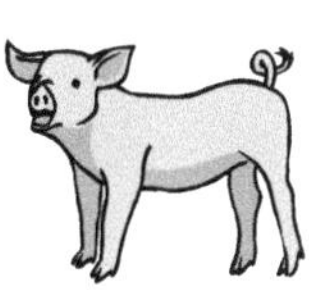

kismalac
....
lechón

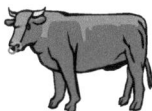

bika
....
toro

liba
ganso

kacsa
pato

csibe
pollo

tojó
gallina

kakas
gallo

patkány
rata

macska
gato

egér
ratón

ökör
buey

kutya
perro

kutyaház
cucha

kerti öntözőcső
manguera

öntözőkanna
regadera

kasza
guadaña

eke
arado

sarló
hoz

kapa
azada

vasvilla
horquilla

fejsze
hacha

talicska
carretilla

teknő
abrevadero

tejes kancsó
lechera

zsák
bolsa

kerítés
reja

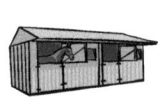

istálló
establo

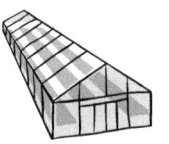

üvegház
invernadero

talaj
suelo

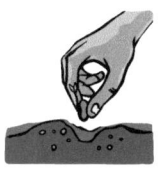

vetőmag
semilla

trágya
fertilizador

cséplőgép
cosechadora

szüretelni

cosechar

betakarítás

cosecha

yamgyökér

batatas

búza

trigo

szója

soja

burgonya

papa

kukorica

maíz

repcemag

semilla de colza

gyümölcsfa

árbol frutal

manióka

mandioca

gabona

cereales

gazdálkodás - granja

ház
casa

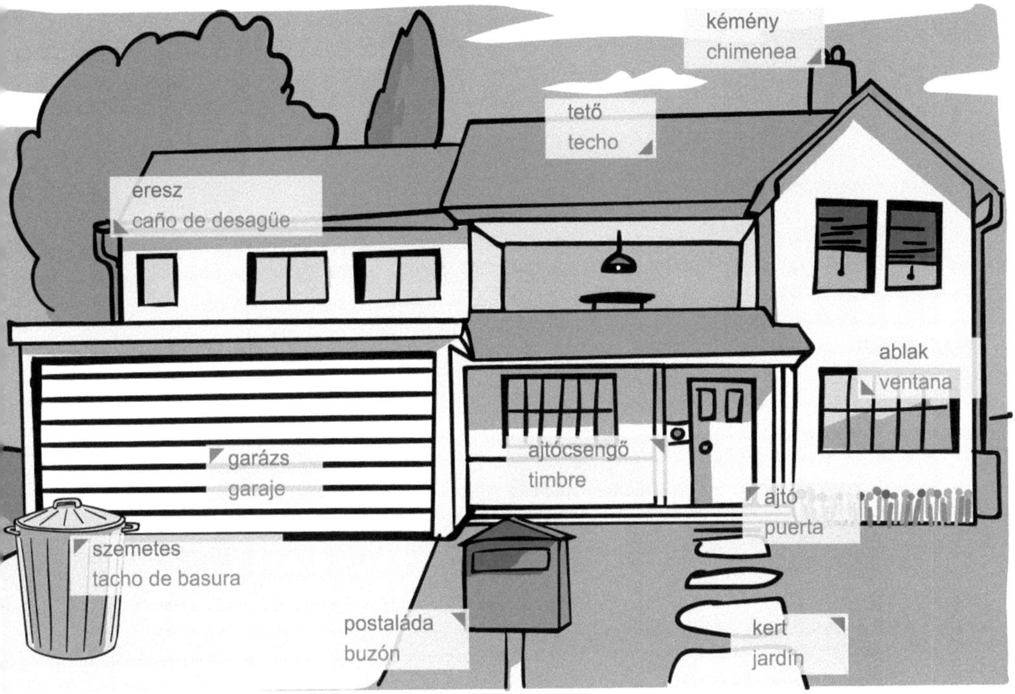
kémény
chimenea
tető
techo
eresz
caño de desagüe
ablak
ventana
garázs
garaje
ajtócsengő
timbre
ajtó
puerta
szemetes
tacho de basura
postaláda
buzón
kert
jardín

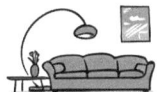

nappali

living

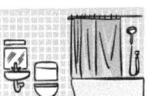

fürdőszoba

baño

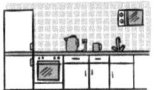

konyha

cocina

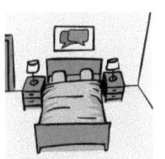

hálószoba

dormitorio

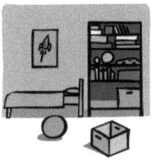

gyerekszoba

cuarto de los chicos

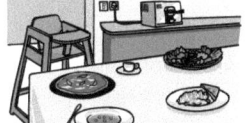

ebédlő

comedor

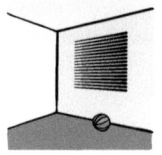

padló

piso

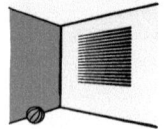

fal

pared

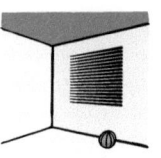

plafon

cielorraso

pince

sótano

szauna

sauna

erkély

balcón

terasz

terraza

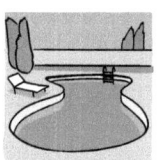

medence

pileta

fűnyíró

cortadora de pasto

lepedő

sábana

ágytakaró

acolchado

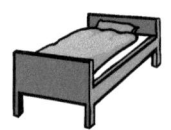

ágy

cama

seprű

escoba

vödör

balde

kapcsoló

interruptor

nappali
living

tapéta
empapelado
kép
imagen
lámpa
lámpara
polc
estante
szekrény
armario
televízió
televisión
kandalló
chimenea
virág
flor
párna
almohadón
kanapé
sofá
váza
florero
távirányító
control remoto

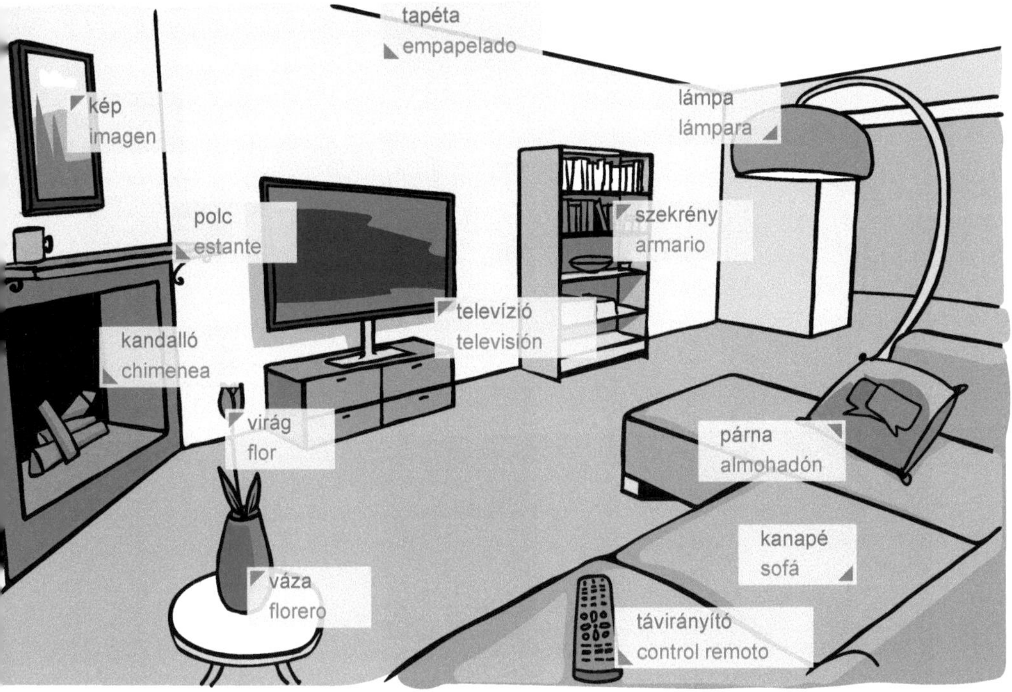

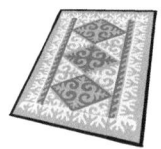

szőnyeg
alfombra

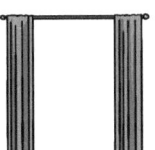

függöny
cortina

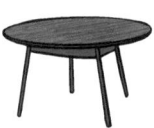

asztal
mesa

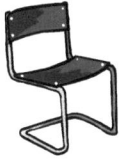

szék
silla

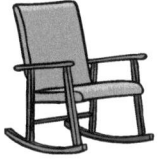

hintaszék
mecedora

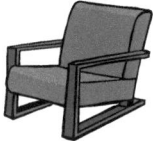

karosszék
sillón

könyv
libro

takaró
frazada

dekoráció
decoración

tűzifa
leña

film
película

hifi
equipo de música

kulcs
llave

újság
diario

festmény
pintura

poszter
póster

rádió
radio

jegyzetfüzet
cuaderno

porszívó
aspiradora

kaktusz
cactus

gyertya
vela

konyha
cocina

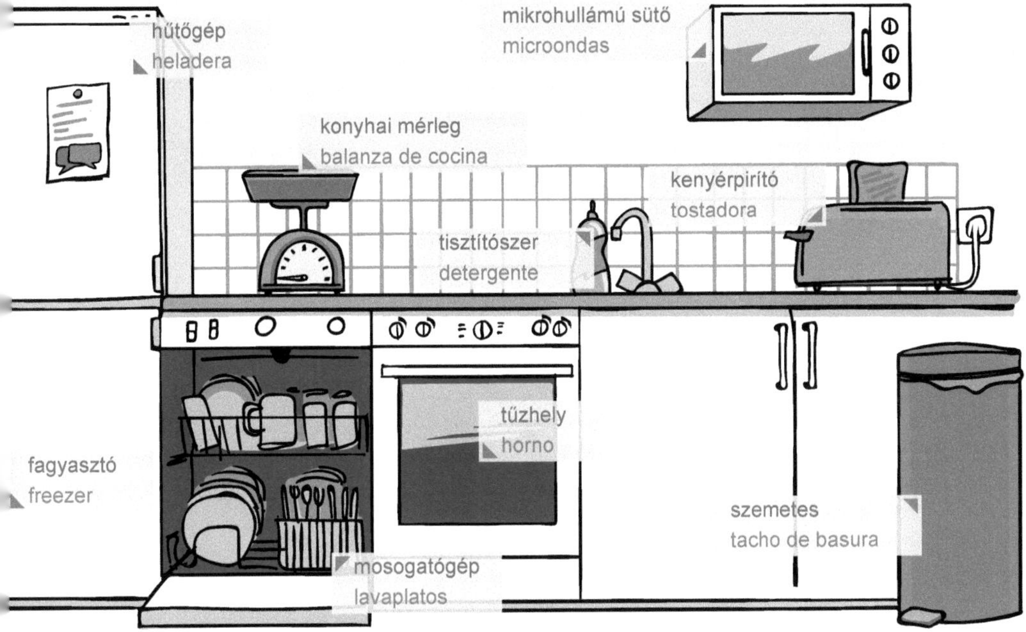
hűtőgép
heladera
mikrohullámú sütő
microondas
konyhai mérleg
balanza de cocina
kenyérpirító
tostadora
tisztítószer
detergente
tűzhely
horno
fagyasztó
freezer
szemetes
tacho de basura
mosogatógép
lavaplatos

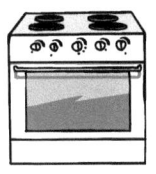

tűzhely

cocina

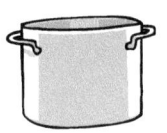

edény

olla

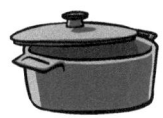

vasfazék

olla de hierro fundido

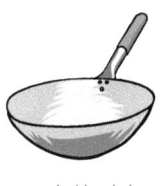

wok / kadai

wok

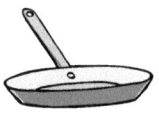

serpenyő

sartén

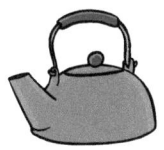

vízforraló

pava

páróló

vaporera

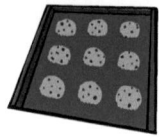

tepsi

bandeja de horno

étkészlet

vajilla

bögre

taza

tálka

bol

evőpálcika

palitos

merőkanál

cucharón

keverőlapátka

estpátula

habverő

batidora

szűrő

colador

szita

colador

reszelő

rallador

mozsár

mortero

grillsütő

parrilla

kandalló

fogata

vágódeszka

tabla de picar

sodrófa

palo de amasar

dugóhúzó

sacacorchos

doboz

lata

konzervnyitó

abrelatas

edényfogó

manopla

mosogató

pileta

kefe

cepillo

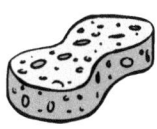

szivacs

esponja

turmixgép

batidora

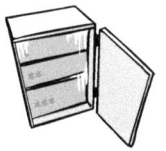

mélyhűtő

congelador

cumisüveg

mamadera

csap

canilla

konyha - cocina

fürdőszoba
baño

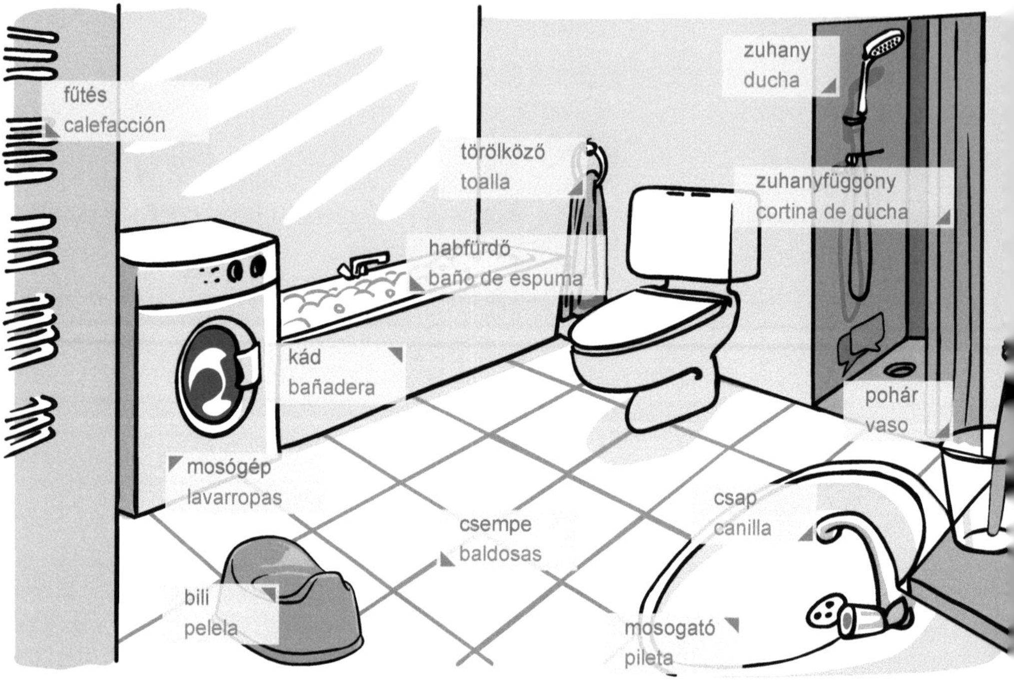
zuhany
ducha
fűtés
calefacción
törölköző
toalla
zuhanyfüggöny
cortina de ducha
habfürdő
baño de espuma
kád
bañadera
pohár
vaso
mosógép
lavarropas
csap
canilla
csempe
baldosas
bili
pelela
mosogató
pileta

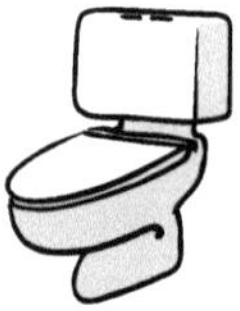

toalett
inodoro

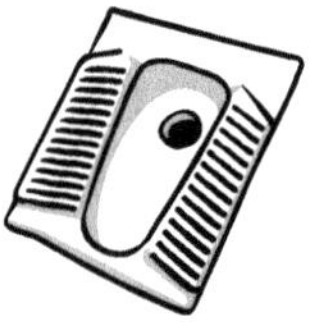

guggolós toalett
letrina

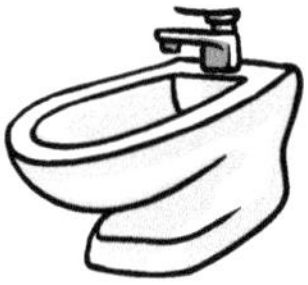

bidé
bidé

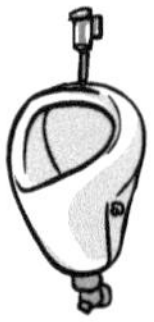

piszoár
mingitorio

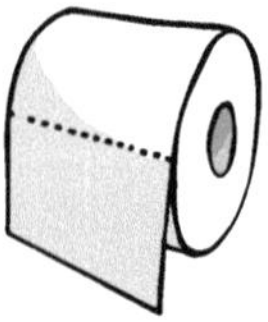

toalett papír
papel higiénico

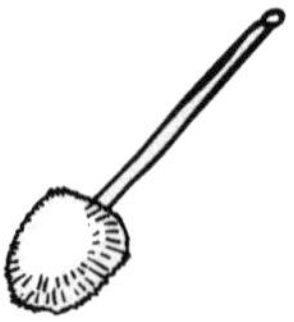

wc kefe
cepillo para el inodoro

fogkefe

cepillo de dientes

fogkrém

dentífrico

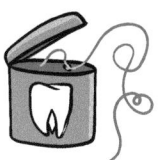

fogselyem

hilo dental

mosni

lavar

kézi zuhany

ducha de mano

intimzuhany

ducha higiénica

mosdótál

palangana

hátmosó kefe

cepillo para espalda

szappan

jabón

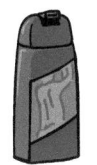

tusfürdő

gel de ducha

sampon

shampoo

mosdókesztyű

toallita

lefolyó

desagüe

krém

crema

dezodor

desodorante

tükör

espejo

kézitükör

espejito

borotva

maquinita de afeitar

borotvahab

espuma de afeitar

borotválkozás utáni arcszesz

aftershave

fésű

peine

hajkefe

cepillo

hajszárító

secador de pelo

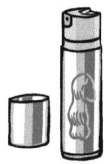

hajlakk

spray

smink

maquillaje

ajakrúzs

lápiz de labios

körömlakk

esmalte para uñas

vatta

algodón

körömvágó olló

tijera para uñas

parfüm

perfume

neszesszer

portacosméticos

sámli

banqueta

mérleg

balanza

köntös

bata

gumikesztyű

guantes de goma

tampon

tampón

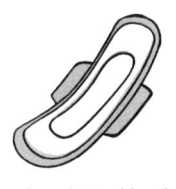

egészségügyi betét

toallita femenina

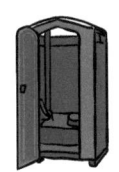

vegyi WC

baño químico

gyerekszoba
cuarto de los chicos

ébresztő óra
despertador
plüssállat
peluche
játékautó
coche de juguete
csörgő
sonajero
babaház
casa de muñecas
ajándék
regalo

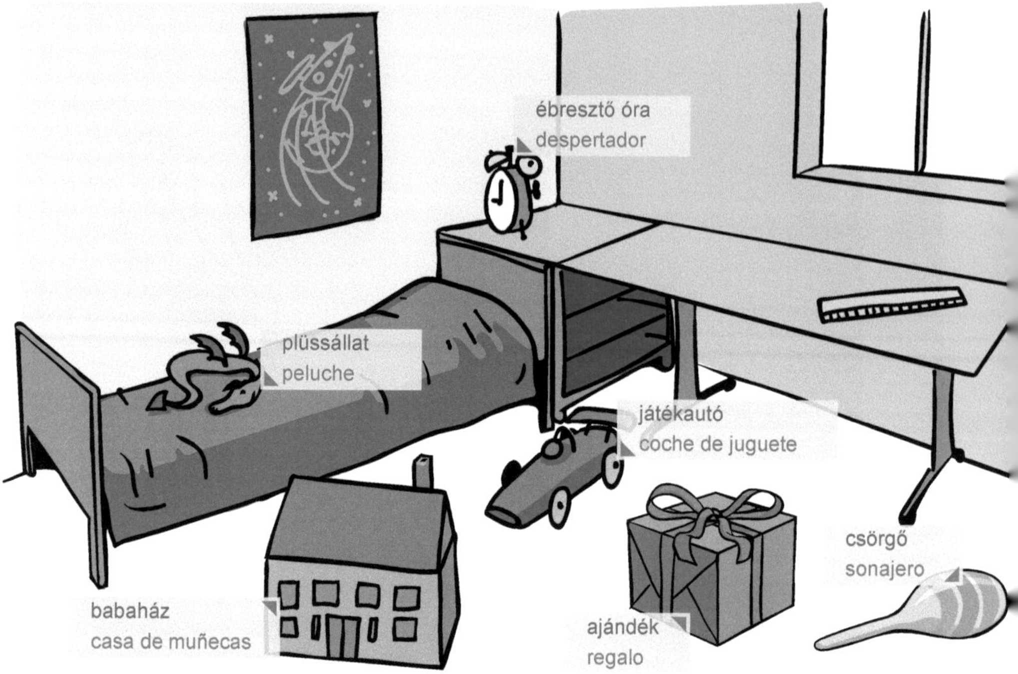

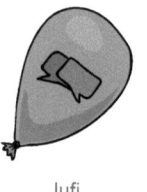

lufi

globo

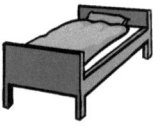

ágy

cama

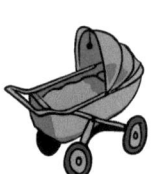

babakocsi

cochecito

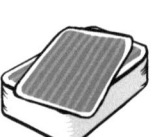

kártyapakli

cartas

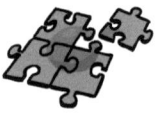

kirakós játék

rompecabezas

SUPER
MEGA

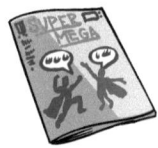

képregény

historieta

építőkockák
piezas de lego

építőelem
ladrillos de juguete

szuperhős
figura de acción

rugdalózó
enterito (de bebé)

frizbi
frisbee

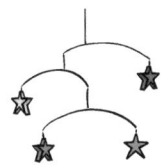

zenélő forgó
móvil para bebés

társasjáték
juego de mesa

kocka
dados

modellvasút
tren eléctrico

cumi
chupete

zsúr
fiesta

képeskönyv
libro de cuentos ilustrado

labda
pelota

baba
muñeca

játszani
jugar

homokozó

arenero

hinta

hamaca

játékok

juguetes

videójáték konzol

consola de videojuegos

tricikli

triciclo

teddi maci

osito de peluche

ruhásszekrény

armario

ruházat
ropa

zokni

medias

harisnya

medias panty

harisnyanadrág

calzas

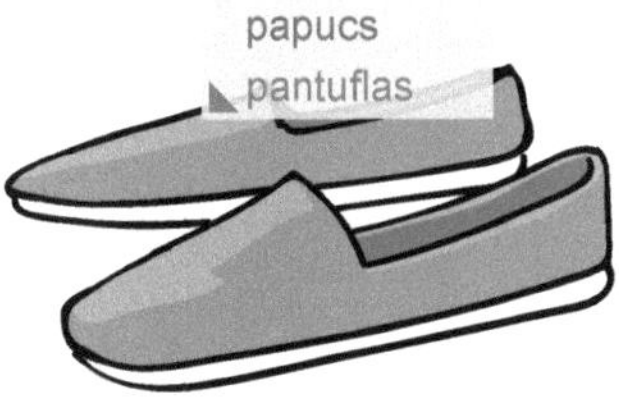

sál
bufanda

esernyő
paraguas

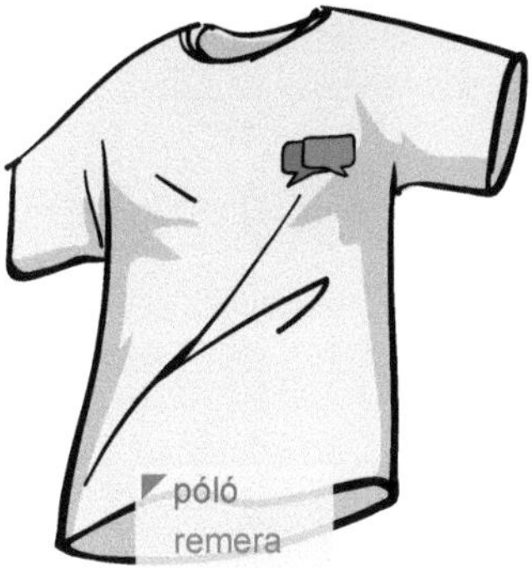

póló
remera

öv
cinturón

csizma
botas

papucs
pantuflas

tornacipő
zapatillas

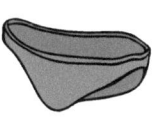
szandál
sandalias

cipő
zapatos

gumicsizma
botas de goma

alsónadrág
ropa interior

melltartó
corpiño

mellény
chaleco

body
body

nadrág
pantalones

farmer
jeans

szoknya
pollera

blúz
blusa

ing
camisa

pulóver
pulóver

kapucnis pulóver
buzo

blézer
blazer

dzseki
campera

kabát
tapado

esőkabát
piloto

kosztüm
traje

ruha
vestido

esküvői ruha
vestido de novia

öltöny

traje

hálóing

camisón

pizsama

pijama

szári

sari

fejkendő

pañuelo para cabeza

turbán

turbante

burka

burka

kaftán

caftán

abaya

abaya

fürdőruha

traje de baño

fürdőnadrág

short de baño

rövidnadrág

shorts

tréningruha

jogging

kötény

delantal

kesztyű

guantes

gomb

botón

szemüveg

anteojos

karkötő

pulsera

nyaklánc

collar

gyűrű

anillo

fülbevaló

aro

sapka

gorra

vállfa

percha

kalap

sombrero

nyakkendő

corbata

cipzár

cierre

bukósisak

casco

nadrágtartó

tiradores

iskolai egyenruha

uniforme escolar

egyenruha

uniforme

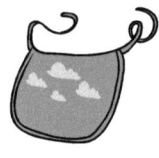

előke

babero

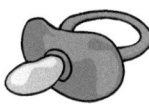

cumi

chupete

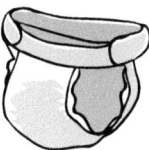

pelenka

pañal

iroda
oficina

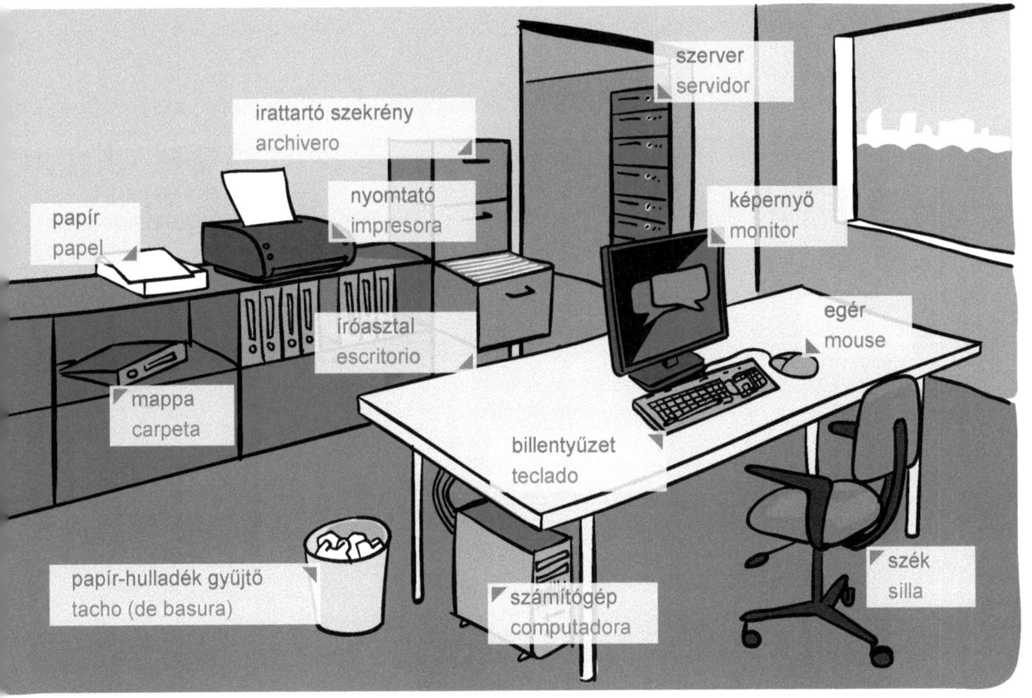
szerver
servidor
irattartó szekrény
archivero
papír
papel
nyomtató
impresora
képernyő
monitor
egér
mouse
íróasztal
escritorio
mappa
carpeta
billentyűzet
teclado
papír-hulladék gyűjtő
tacho (de basura)
szék
silla
számítógép
computadora

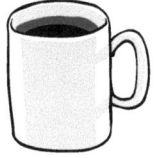

kávéscsésze

taza de café

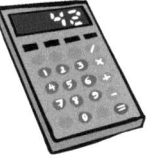

számológép

calculadora

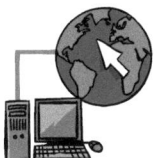

internet

internet

laptop

laptop

levél

carta

üzenet

mensaje

mobiltelefon

celular

hálózat

red

fénymásoló

fotocopiadora

szoftver

software

telefon

teléfono

konnektor

tomacorriente

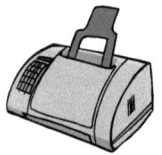

faxgép

fax

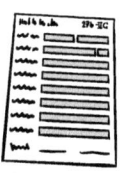

formanyomtatvány

formulario

dokumentum

documento

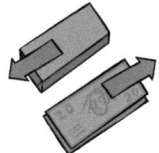

venni
comprar

fizetni
pagar

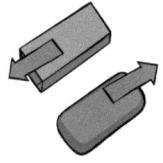

kereskedni
hacer negocios

pénz
dinero

USD

dollár
dólar

EUR

euró
euro

JPY

jen
yen

RUB

rubel
rublo

CHF

svájci frank
franco suizo

CNY

kínai jüan
yuan

INR

rúpia
rupia

bankautomata
cajero automático

valutaváltó iroda

casa de cambio

arany

oro

ezüst

plata

olaj

petróleo

energia

energía

ár

precio

szerződés

contrato

adó

impuesto

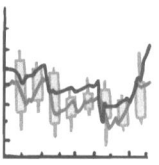

részvény

acción

dolgozni

trabajar

munkavállaló

empleado

munkaadó

empleador

gyár

fábrica

üzlet

negocio

gazdaság - economía

foglalkozások
ocupaciones

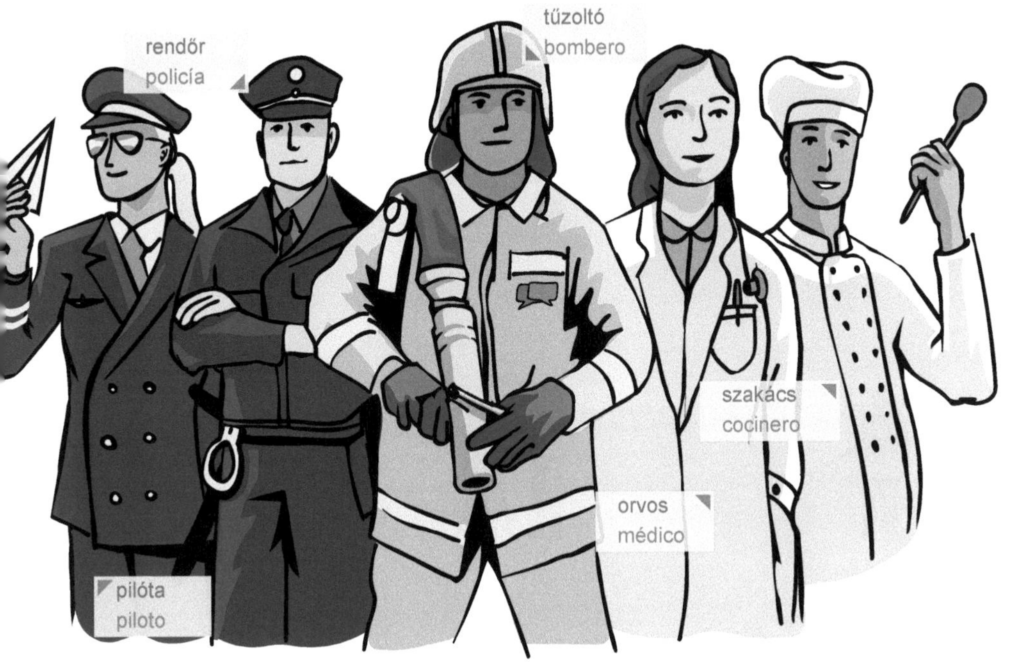

rendőr
policía
tűzoltó
bombero
szakács
cocinero
orvos
médico
pilóta
piloto

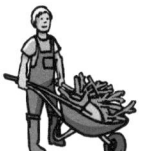

kertész

jardinero

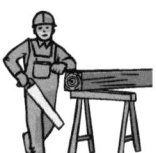

kárpitos

carpintero

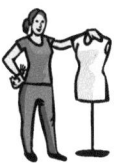

varrónő

modista

bíró

juez

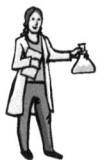

vegyész

farmacéutico

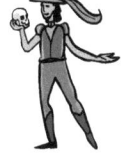

színész

actor

buszsofőr

colectivero

taxisofőr

taxista

halász

pescador

bejárónő

mucama

tetőfedő

techista

pincér

mozo

vadász

cazador

festő

pintor

pék

panadero

villanyszerelő

electricista

építőmunkás

albañil

mérnök

ingeniero

hentes

carnicero

vízvezeték-szerelő

plomero

postás

cartero

katona

soldado

építész

arquitecto

eladó

cajero

virágos

florista

fodrász

peluquero

kalauz

cobrador

műszerész

mecánico

kapitány

capitán

fogorvos

dentista

tudós

científico

rabbi

rabino

imám

imán

szerzetes

monje

lelkész

sacerdote

szerszámok
herramientas

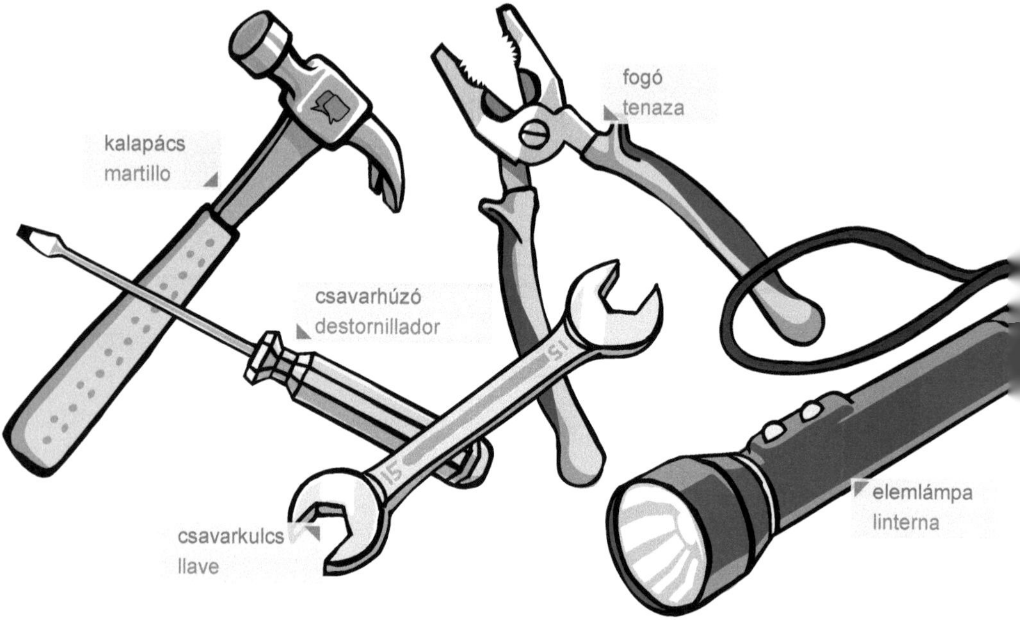
kalapács
martillo
fogó
tenaza
csavarhúzó
destornillador
csavarkulcs
llave
elemlámpa
linterna

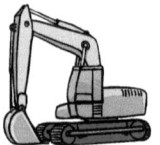

markológép

excavadora

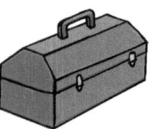

szerszámosláda

caja de herramientas

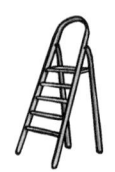

vödör

escalera portátil

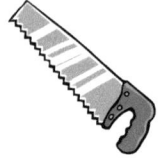

fűrész

sierra

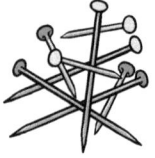

szög

clavos

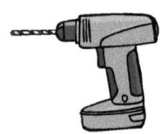

fúrógép

taladro

megjavítani

arreglar

lapát

pala de jardín

A francba!

¡Qué bronca!

szemétlapát

pala de plástico

festékesdoboz

tacho de pintura

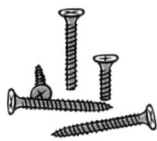

csavar

tornillos

hangszerek
instrumentos musicales

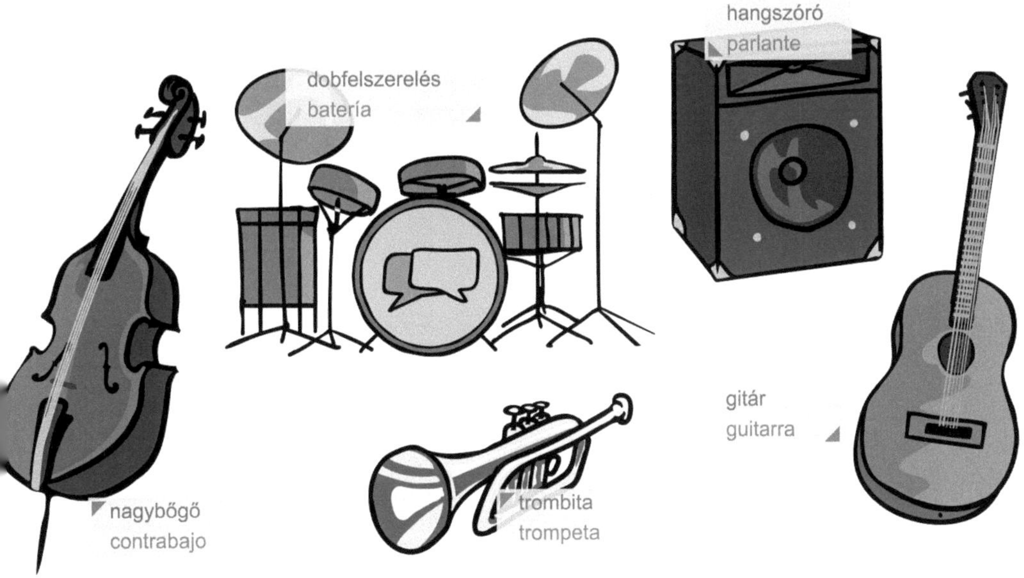

dobfelszerelés
batería

hangszóró
parlante

nagybőgő
contrabajo

trombita
trompeta

gitár
guitarra

zongora
....
piano

hegedű
....
violín

basszusgitár
....
bajo

üstdob
....
timbales

dobok
....
tambor

digitális zongora
....
teclado

szaxofon
....
saxofón

fuvola
....
flauta

mikrofon
....
micrófono

hangszerek - instrumentos musicales

állatkert
zoológico

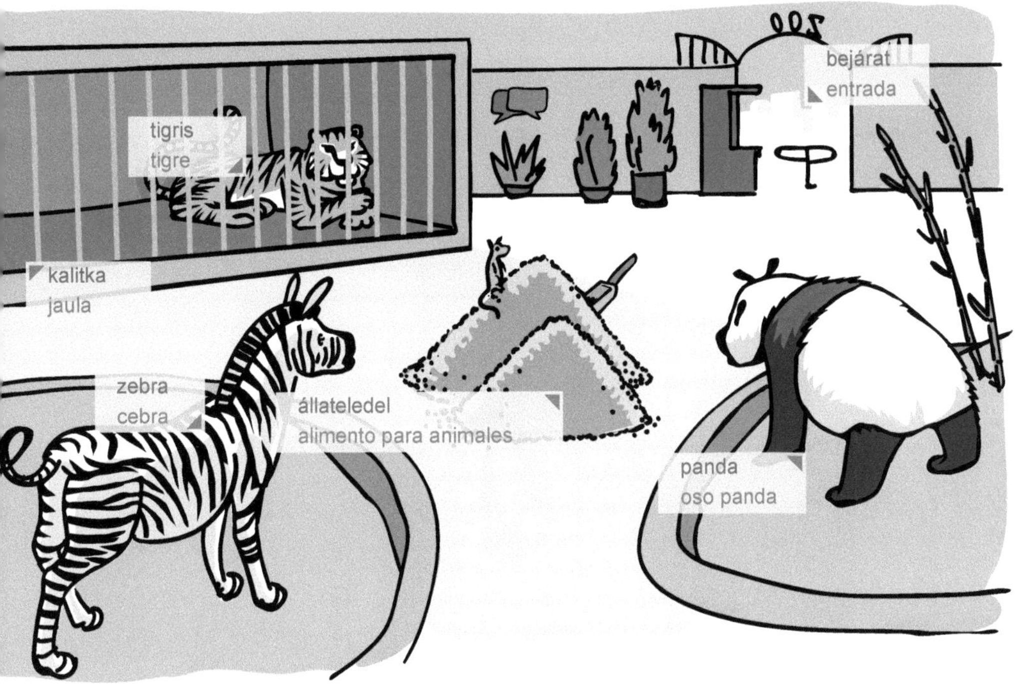

zoo
bejárat
entrada
tigris
tigre
kalitka
jaula
zebra
cebra
állateledel
alimento para animales
panda
oso panda

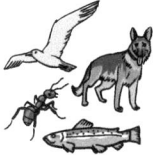

állatok
animales

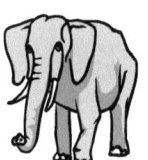

elefánt
elefante

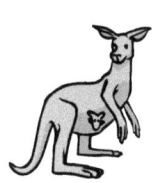

kenguru
canguro

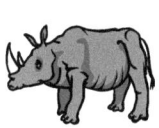

orrszarvú
rinoceronte

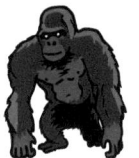

gorilla
gorila

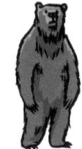

medve
oso

teve

camello

strucc

avestruz

oroszlán

león

majom

mono

flamingó

flamenco

papagáj

loro

jegesmedve

oso polar

pingvin

pingüino

cápa

tiburón

páva

pavo real

kígyó

serpiente

krokodil

cocodrilo

állatgondozó

cuidador del zoológico

fóka

foca

jaguár

jaguar

pónìló
poni

leopárd
leopardo

víziló
hipopótamo

zsiráf
jirafa

sas
águila

vaddisznó
jabalí

hal
pescado

teknős
tortuga

rozmár
morsa

róka
zorro

gazella
gacela

állatkert - zoológico

sportok
deportes

amerikai futball
fútbol americano

kerékpározás
ciclismo

tenisz
tenis

kosárlabda
básquet

úszás
natación

boksz
boxeo

jégkorong
hockey sobre hielo

futball
fútbol

tollas
bádminton

atlétika
atletismo

kézilabda
handball

síelés
esquí

lovaspóló
polo

62   sportok - deportes

nevetni / reír		
ugrani / saltar	ölelni / abrazar	sétálni / caminar
énekelni / cantar		álmodni / soñar
dicsérni / rezar	csókolni / besar	

írni	rajzolni	mutatni
escribir	dibujar	mostrar
tolni	adni	vinni
presionar	dar	tomar

birtokolni

tener

csinálni

hacer

lenni

ser

állni

estar parado

futni

correr

húzni

tirar

hajít

tirar

esni

caer

hazudni

estar acostado

várni

esperar

vinni

llevar

ülni

estar sentado

felvenni

vestirse

aludni

dormir

felébredni

despertar

ránézni

mirar

sírni

llorar

simogat

acariciar

fésülni

peinar

beszélni

hablar

megérteni

entender

kérdezni

preguntar

hallgatni

escuchar

inni

beber

enni

comer

takarítani

ordenar

szeretni

amar

főzni

cocinar

vezetni

manejar

szállni

volar

vitorlázni

navegar

számol

calcular

olvasni

leer

tanulni

aprender

dolgozni

trabajar

házasodni

casarse

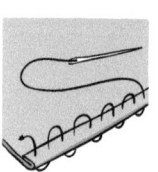

varrni

coser

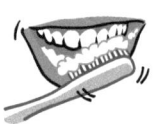

fogat mosni

cepillarse los dientes

ölni

matar

dohányozni

fumar

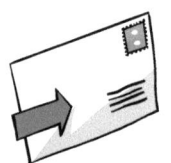

küldeni

enviar

család
familia

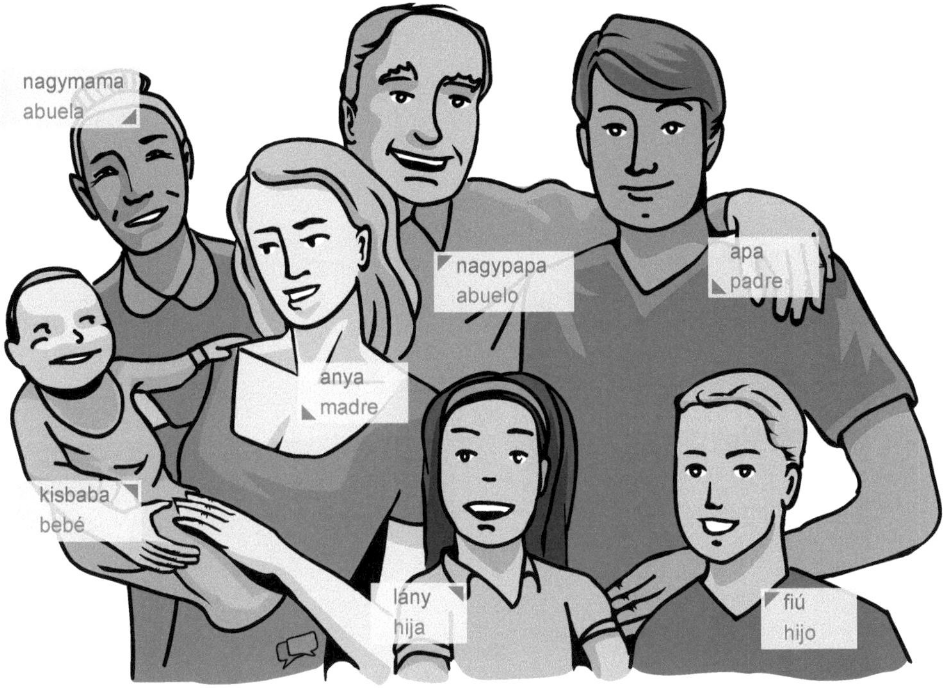

nagymama
abuela
nagypapa
abuelo
apa
padre
anya
madre
kisbaba
bebé
lány
hija
fiú
hijo

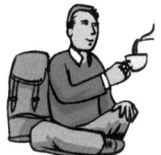

vendég

invitado

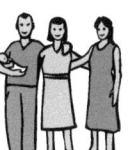

nagynéni

tía

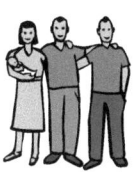

nagybácsi

tío

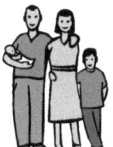

fiútestvér

hermano

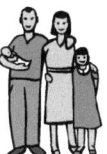

lánytestvér

hermana

test

cuerpo

homlok
frente
szem
ojo
váll
hombro
ujj
dedo
arc
cara
áll
pera
kéz
mano
mell
pecho
láb
pierna
kar
brazo

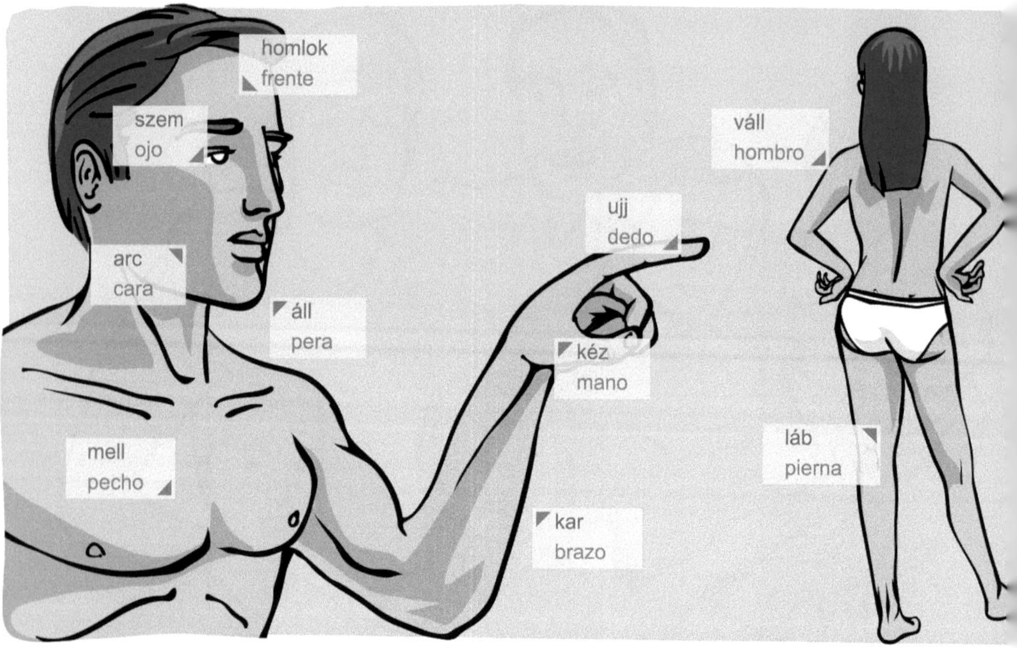

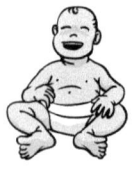

kisbaba

bebé

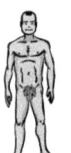

ember

hombre

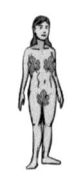

nő

mujer

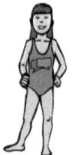

lány

nena

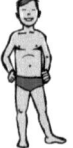

fiú

nene

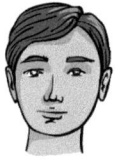

fej

cabeza

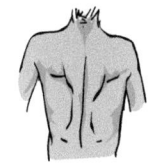

hát

espalda

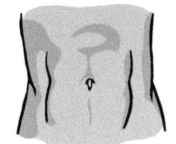

has

panza

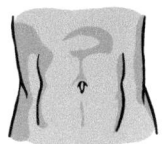

köldök

ombligo

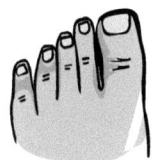

lábujj

dedo del pie

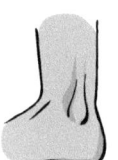

sarok

talón

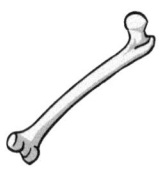

csont

hueso

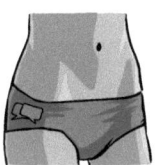

csípö

cadera

térd

rodilla

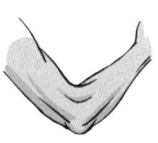

könyök

codo

orr

nariz

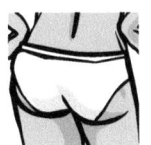

fenék

cola

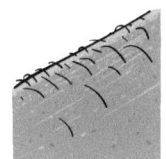

bőr

piel

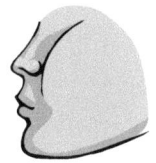

orca

cachete

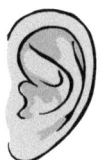

fül

oreja

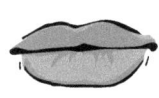

ajak

labio

száj

boca

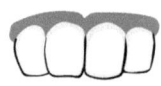

fog

diente

nyelv

lengua

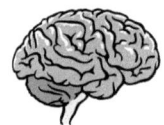

agy

cerebro

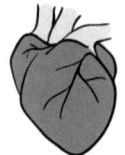

szív

corazón

izom

músculo

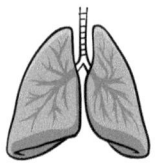

tüdő

pulmón

máj

hígado

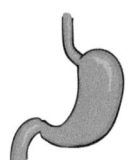

gyomor

estómago

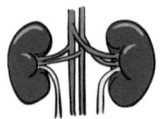

vese

riñones

szex

sexo

kondom

preservativo

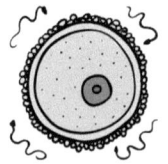

petesejt

óvulo

sperma

semen

terhesség

embarazo

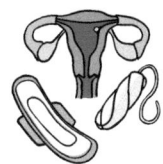

menstruáció

menstruación

vagina

vagina

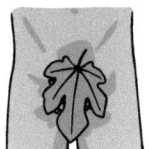

pénisz

pene

szemöldök

ceja

haj

pelo

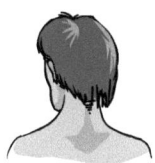

nyak

cuello

kórház
hospital

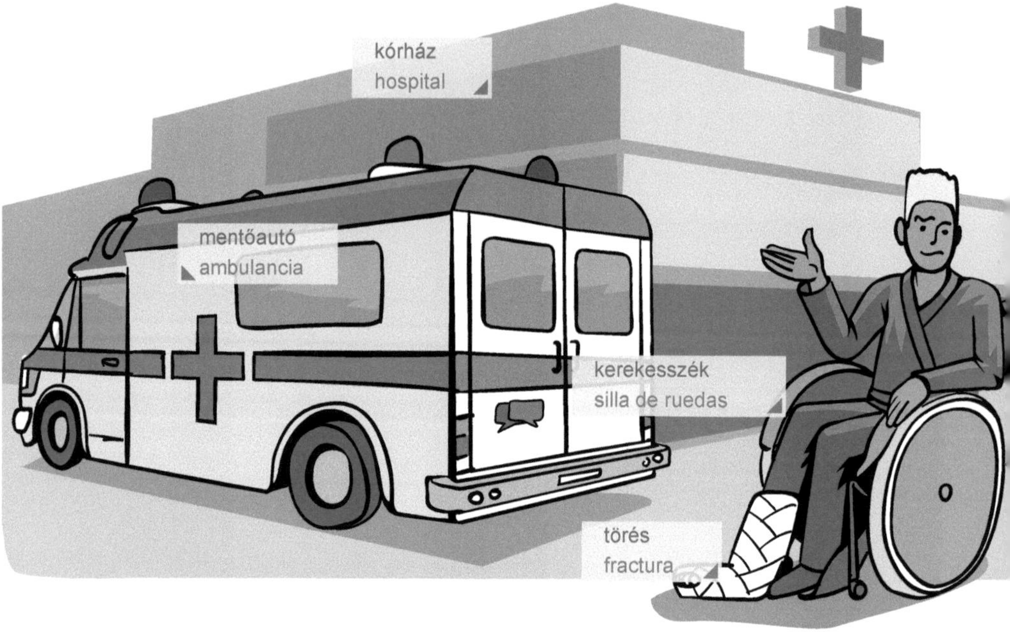

kórház
hospital
mentőautó
ambulancia
kerekesszék
silla de ruedas
törés
fractura

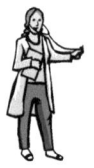

orvos

médico

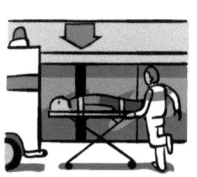

sürgősségi osztály

sala de guardia

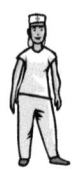

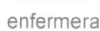

ápoló

enfermera

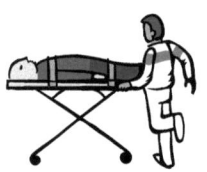

vészhelyzet

emergencia

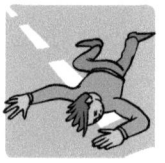

eszméletlen

inconsciente

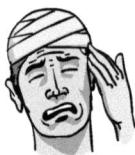

fájdalom

dolor

sérülés

lesión

vérzés

hemorragia

szívroham

infarto

szélütés

ACV

allergia

alergia

köhögés

tos

láz

fiebre

influenza

gripe

hasmenés

diarrea

fejfájás

dolor de cabeza

rák

cáncer

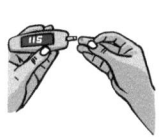

cukorbetegség

diabetes

sebész

cirujano

szike

bisturí

műtét

operación

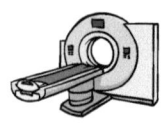

CT

TC

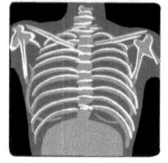

röntgen

rayos x

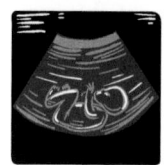

ultrahang

ecografía

arcmaszk

barbijo

betegség

enfermedad

váróterem

sala de espera

mankó

muleta

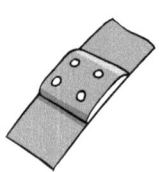

sebtapasz

curita

kötszer

venda

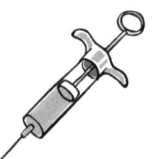

injekció

inyección

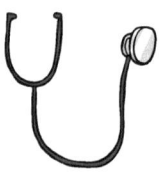

sztetoszkóp

estetoscopio

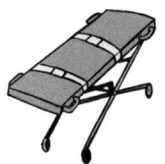

hordágy

camilla

klinikai hőmérő

termómetro

születés

nacimiento

túlsúly

sobrepeso

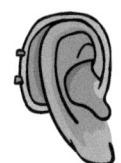

hallókészülék

audífono

fertőtlenítőszer

desinfectante

fertőzés

infección

vírus

virus

HIV/AIDS

VIH / SIDA

orvosság

remedio

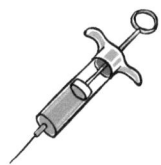

oltás

vacunación

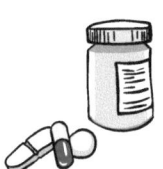

tabletták

comprimidos

tabletta

pastilla anticonceptiva

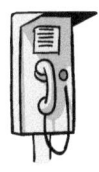

sürgősségi hívás

llamada de emergencia

vérnyomásmérő

tensiómetro

betegség / egészség

enfermo / sano

Segítség!

¡Ayuda!

riasztás

alarma

rajtaütés

agresión

támadás

ataque

veszély

peligro

vészkijárat

salida de emergencia

tűz!

¡Fuego!

tűzoltókészülék

matafuego

baleset

accidente

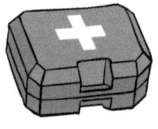

elsősegélycsomag

botiquín de primeros auxilios

SOS

SOS

rendőrség

policía

Európa

Europa

Észak-Amerika

América del Norte

Dél-Amerika

América del Sur

Afrika

África

Ázsia

Asia

Ausztrália

Australia

Atlanti-óceán

Atlántico

Csendes-óceán

Pacífico

Indiai-óceán

Océano Índico

Déli-óceán

Océano Antártico

Jeges-tenger

Océano Ártico

Északi-sark

polo norte

Déli-sark
polo sur

Antarktisz
Antártida

föld
Tierra

szárazföld
tierra

tenger
mar

sziget
isla

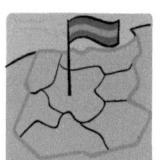

nemzet
nación

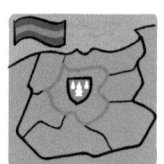

állam
estado

számlap

esfera

kismutató

manecilla de las horas

nagymutató

minutero

másodpercmutató

segundero

Mennyi az idő?

¿Qué hora es?

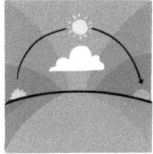

nap

día

idő

hora

most

ahora

digitális óra

reloj digital

perc

minuto

óra

hora

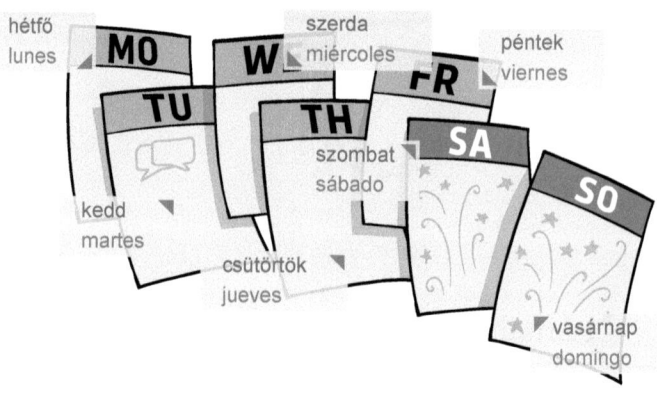

hétfő — lunes — MO
szerda — miércoles — W
péntek — viernes — FR
TU
TH
szombat — sábado — SA
kedd — martes
csütörtök — jueves
SO
vasárnap — domingo

tegnap
ayer

ma
hoy

holnap
mañana

reggel
mañana

dél
mediodía

este
tarde

MO	TU	WE	TH	FR	SA	SU
1	2	3	4	5	6	7
8	9	10	11	12	13	14
15	16	17	18	19	20	21
22	23	24	25	26	27	28
29	30	31	1	2	3	4

hétköznap
días hábiles

MO	TU	WE	TH	FR	SA	SU
1	2	3	4	5	6	7
8	9	10	11	12	13	14
15	16	17	18	19	20	21
22	23	24	25	26	27	28
29	30	31	1	2	3	4

hétvége
fin de semana

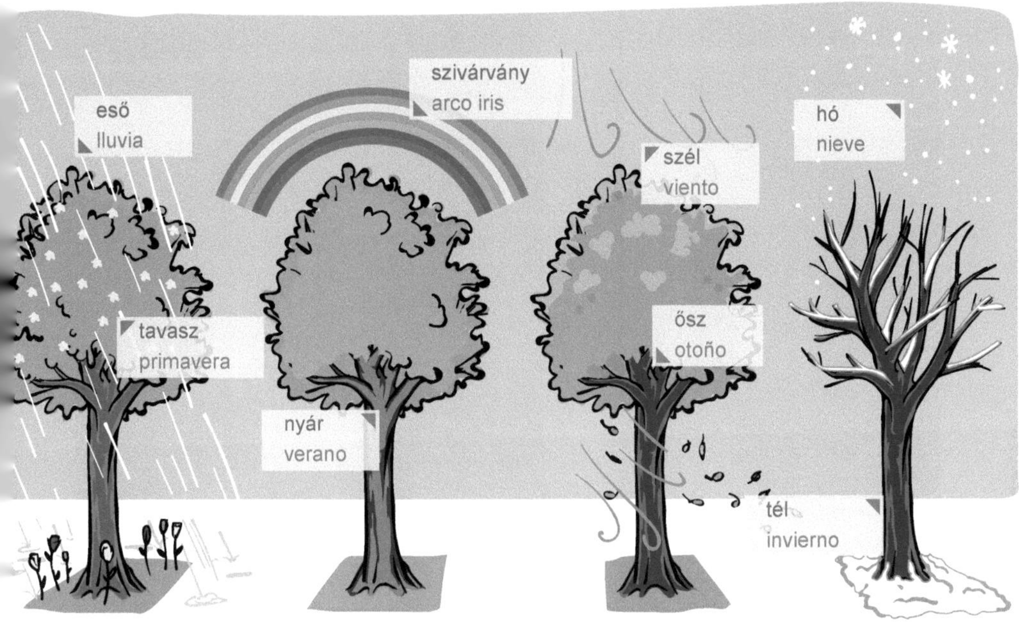

eső
lluvia

szivárvány
arco iris

szél
viento

hó
nieve

tavasz
primavera

nyár
verano

ősz
otoño

tél
invierno

4.APRIL	11°	
5.APRIL	4°	
6.APRIL	13°	
7.APRIL	8°	
8.APRIL	10°	

időjárás előrejelzés
pronóstico meteorológico

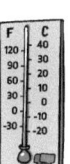

hőmérő
termómetro

napsütés
luz del sol

felhő
nube

köd
niebla

páratartalom
humedad

villámlás

rayo

mennydörgés

trueno

vihar

tormenta

jégeső

granizo

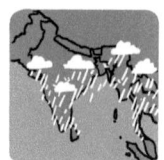

monszun

monzón

áradás

inundación

jég

hielo

január

enero

február

febrero

március

marzo

április

abril

május

mayo

június

junio

július

julio

augusztus

agosto

év - año

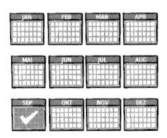

szeptember
septiembre

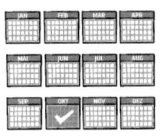

október
octubre

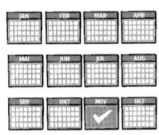

november
noviembre

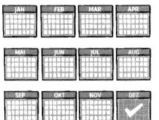

december
diciembre

alakzatok
formas

kör
círculo

négyzet
cuadrado

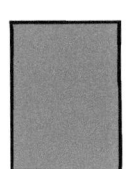

téglalap
rectángulo

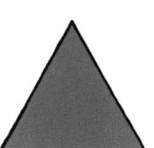

háromszög
triángulo

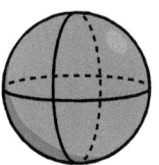

gömb
esfera

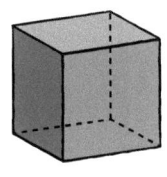

kocka
cubo

színek
colores

fehér
blanco

sárga
amarillo

narancs
naranja

rózsaszín
rosa

piros
rojo

lila
violeta

kék
azul

zöld
verde

barna
marrón

szürke
gris

fekete
negro

sok / kevés
mucho / poco

mérges / nyugodt
enojado / tranquilo

szép / csúnya
lindo / feo

kezdet / vég
principio / fin

nagy / kicsi
grande / chico

világos / sötét
claro / oscuro

fivér / nővér
hermano / hermana

tiszta / koszos
limpio / sucio

teljes / nem teljes
completo / incompleto

nappal / éjszaka
día / noche

halott / élő
muerto / vivo

széles / keskeny
ancho / angosto

ehető / nem ehető

comestible / no comestible

gonosz / kedves

malo / amable

izgatott / unott

entusiasmado / aburrido

kövér / vékony

gordo / flaco

első / utolsó

primero / último

barát / ellenség

amigo / enemigo

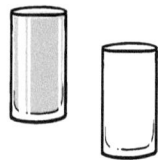

teli / üres

lleno / vacío

kemény / puha

duro / blando

nehéz / könnyű

pesado / liviano

éhség / szomjúság

hambre / sed

betegség / egészség

enfermo / sano

illegális / legális

ilegal / legal

intelligens / buta

inteligente / estúpido

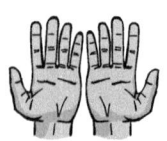

bal / jobb

izquierda / derecha

közel / távol

cerca / lejos

új / használt

nuevo / usado

semmi / valami

nada / algo

idős / fiatal

viejo / joven

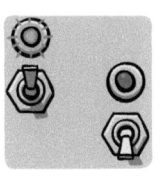

be / ki

encendido / apagado

nyitva / zárva

abierto / cerrado

csendes / hangos

silencioso / ruidoso

gazdag / szegény

rico / pobre

helyes / helytelen

correcto / incorrecto

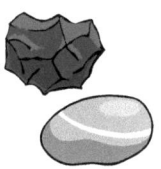

érdes / sima

áspero / suave

szomorú / vidám

triste / contento

rövid / hosszú

corto / largo

lassú / gyors

lento / rápido

nedves / száraz

mojado / seco

meleg / hideg

caliente / frío

háború / béke

guerra / paz

0

nulla

cero

1

egy

uno

2

kettő

dos

3

három

tres

4

négy

cuatro

5

öt

cinco

6

hat

seis

7

hét

siete

8

nyolc

ocho

9

kilenc

nueve

10

tíz

diez

11

tizenegy

once

12
tizenkettő
doce

13
tizenhárom
trece

14
tizennégy
catorce

15
tizenöt
quince

16
tizenhat
dieciséis

17
tizenhét
diecisiete

18
tizennyolc
dieciocho

19
tizenkilenc
diecinueve

20
húsz
veinte

100
száz
cien

1.000
ezer
mil

1.000.000
millió
millón

angol

inglés

amerikai angol

inglés americano

mandarin kínai

chino mandarín

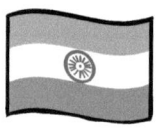

hindi

hindi

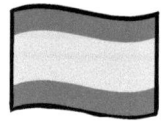

spanyol

español

francia

francés

arab

árabe

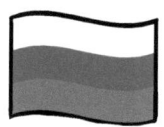

orosz

ruso

portugál

portugués

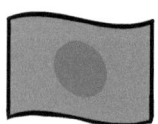

bengáli

bengalí

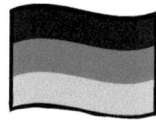

német

alemán

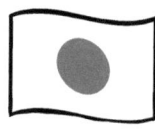

japán

japonés

én
yo

te
vos

ő
él / ella

mi
nosotros

ti
ustedes

ők
ellos

ki?
¿quién?

mi?
¿qué?

hogyan?
¿cómo?

hol?
¿dónde?

mikor?
¿cuándo?

név
nombre

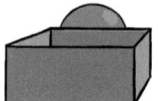

mögött

detrás

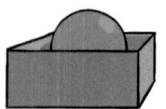

benne

en

előtte

adelante de

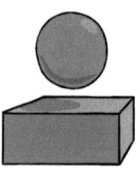

felette

por encima de

rajta

sobre

alatta

debajo de

mellett

al lado de

között

entre

hely

lugar